CONTRIBUTION A L'ÉTUDE

DE

LA NOIX D'AREC

PAR

Gabriel RICAPET

Docteur en médecine de la Faculté de Paris

PARIS

G. STEINHEIL, ÉDITEUR

2, RUE CASIMIR-DELAVIGNE, 2

—

1896

CONTRIBUTION A L'ÉTUDE

DE

LA NOIX D'AREC

CONTRIBUTION A L'ÉTUDE

DE

LA NOIX D'AREC

PAR

Gabriel RICAPET

Docteur en médecine de la Faculté de Paris

PARIS

G. STEINHEIL, ÉDITEUR

2, RUE CASIMIR-DELAVIGNE, 2

1896

CONTRIBUTION A L'ÉTUDE

DE

LA NOIX D'AREC

————➤◄————

AVANT-PROPOS

Après avoir examiné le droguier que, par bienveillance, M. le Professeur Pouchet met à la disposition des élèves, d'abord pour faciliter leurs études, puis pour leur apprendre à connaître l'action et les propriétés des médicaments qu'ils emploieront plus tard comme praticiens, nous avons demandé à M. le Professeur Pouchet de vouloir bien nous indiquer le sujet d'une thèse.

M. le Professeur Pouchet accueillit favorablement notre demande et nous proposa l'étude des alcaloïdes de la noix d'Arec. Ce sujet difficile nous semblait au-dessus de nos forces, mais l'assurance de pouvoir user, nous dirions même abuser, du savoir et de l'expérience de notre maître nous fit accepter.

Que M. le Professeur Pouchet, pour les savants conseils qu'il nous a donnés et pour la marque de bienveillance extrême qu'il nous a témoignée en acceptant d'être notre président de thèse, veuille bien nous laisser lui exprimer toute notre reconnaissance.

Nous devons également remercier deux de nos bons amis, collaborateurs dévoués de M. le Professeur Pouchet. Nous avons nommé M. Brissemoret, chef du laboratoire de pharmacologie et M. Joanin, préparateur du même laboratoire. Tous les deux, travailleurs consciencieux, l'un chimiste d'avenir, l'autre physiologiste distingué ont droit à tous nos remerciements pour nous avoir aidé dans notre tâche, non seulement en nous prodiguant leurs conseils, mais en mettant leur grande expérience à notre entière disposition.

Avant de commencer notre étude, il nous reste maintenant à indiquer le plan dont nous nous servirons pour nous guider dans nos recherches.

Nous diviserons notre travail en quatre chapitres :

Dans le premier chapitre nous étudierons l'*Areca catechu* et son fruit exclusivement au point de vue botanique.

L'extraction des principes contenus dans la noix d'Arec et l'étude de leurs propriétés chimiques fera l'objet du deuxième chapitre.

La troisième partie de notre travail renfermera le résultat des recherches expérimentales que nous avons faites avec les produits obtenus en traitant le fruit de l'Aréquier.

Enfin, grâce à la bienveillance de M. le Dr E. Martin (de Houilles) qui a bien voulu nous communiquer trois observations personnelles, nous étudierons dans un dernier chapitre l'emploi de la noix d'Arec en thérapeutique.

Pour l'aimable accueil fait à notre demande, que M. le Dᵣ Martin veuille bien agréer nos remerciements les plus sincères.

Comme conclusion de notre thèse inaugurale, nous énoncerons quelques propositions en nous basant sur les résultats acquis à la suite de nos recherches.

CHAPITRE PREMIER

De l'Areca catechu et de son fruit.

L'*Areca catechu* est un palmier élégant, à tronc lisse
et droit, haut de 12 à 15 mètres, et ayant 5o centimètres
de circonférence. L'inflorescence est disposée en un spadice
ramifié, dont les fleurs mâles occupent le sommet et les
fleurs femelles la base. On cultive cet arbre dans l'archipe
Malais, dans les parties les plus chaudes de la péninsule
indienne et de l'Indo-Chine, à Ceylan et dans les Philip-
pincs. Il est probablement originaire de la première de ces
régions.

Historique. — L'Arec est mentionné dans les ouvrages
sanscrits sous le nom de *Guváca*. Il se nomme en chinois
Pin-lang, non apparemment dérivé de *Pinang*, désignation
de l'arbre dans les îles malaises d'où les Chinois tiraient
leurs provisions de graines d'Arec. Le plus ancien ouvrage
chinois qui mentionne le *Pin-lang* est le *San-fu-huang-tu*,
description de Chang-an, la capitale de l'empereur
Hiav-Wou-tii, de 14o à 86 avant notre ère. Il est dit
qu'après la conquête du Yunnan, en 111 avant Jésus-
Christ, des arbres remarquables et des plantes du sud
furent apportés dans la capitale, et parmi eux plus de
1oo *Pin-lang* qui furent plantés dans les jardins impé-
riaux. Bretschneider (on the Study of Chinese Botanical

Works, Foochow, 1870, 27) cite plusieurs autres ouvrages chinois datant du Ier siècle et indiquant que les noix d'Arec étaient rapportées des provinces, alors indépendantes, du sud de la Chine, de l'archipel Malais, et de l'Inde. La coutume de présenter la noix d'Arec aux hôtes est mentionnée dans un ouvrage du IVe siècle.

Les anciens écrivains arabes connaissaient bien la noix d'Arec, qu'ils nommaient *Fófal*, et l'habitude qu'avaient les Indiens de la mastiquer avec de la chaux.

La noix d'Arec est très estimée des Asiatiques comme masticatoire, et considérée par eux comme fortifiant les gencives, adoucissant l'haleine et favorisant la digestion, mais, jusqu'à ces derniers temps, elle n'était pas considérée comme jouissant de propriétés médicinales particulières, si ce n'est une légère astringence. On l'a souvent administrée aux chiens comme vermifuge, et dans l'Inde et la Chine, on la donne également à l'homme au même titre. Quelques essais suivis de succès dans le traitement du tænia ont déterminé son introduction dans les *Additions to the British Pharmacopœia de 1867*, publiées en 1874.

Description. — La noix d'Arec est ovoïde, semi-sphérique et mesure 2 centimères de longueur et autant de largeur ; au centre de sa base, qui est déprimée, elle porte une touffe fibreuse correspondant à son point d'attache sur le péricarpe. La surface extérieure offre une teinte brun clair et présente de nombreux sillons anastomosés en réseau et qui partent en majeure partie du hile ; elle est constituée par une membrane mince fortement adhérente aux tissus sous-jacents et qui, pénétrant profondément dans l'albumen blanchâtre, y produisent des lignes brunes plus ou moins sinueuses et forment ainsi un albumen ruminé. L'embryon, petit et conique, est placé au niveau de la base de la graine. La semence d'Arec est dure et pesante, difficile à entamer au couteau ; fraîchement brisée, elle exale une légère odeur de fromage ; sa saveur est faiblement astringente.

Structure microscopique. — Coupée transversalement, la graine d'Arec présente de dehors en dedans deux ou trois rangées de cellules rectangulaires, régulièrement superposées, à parois faiblement épaissies ; un parenchyme lâche de cellules polygonales, irrégulières dans leur forme, munies de parois minces et qui portent de fines stries spiralées. Ce tissu, dans lequel sont dispersés des faisceaux fibrovasculaires, pénètre dans l'albumen sous forme de processus plus ou moins larges et ondulés ; il se distingue par la teinte brune de ses éléments qui se colorent en rouge sous l'influence de la potasse caustique et en vert foncé au contact du perchlorure de fer. L'albumen, qui est blanc et corné, est constitué par un tissu de cellules irrégulières à parois épaisses et fortement ponctuées. Ces cellules sont remplies d'une matière albuminoïde qui se colore en brun sous l'influence de l'iode.

Commerce. — Les noix d'Arec se vendent, dans l'Inde, avec ou sans le péricarde qui les enveloppe. Les deux sortes sont énumérées dans les rapports des douanes sous des titres différents. La consommation considérable qui s'en fait en Orient, donne lieu à un commerce énorme, dont on peut avoir une idée par les quelques statistiques qu'il est possible de consulter. Ceylan en a exporté, en 1871, 66,543 quintaux, valant 62,593 livres sterling ; en 1872, 71,715 quintaux, cette dernière quantité entièrement destinée à l'Inde (*Ceylan Blue Books for 1871 et 1872*). La Présidence de Madras en fait également un grand commerce. Pendant l'année 1872-1873, il en a été embarqué pour Bombay 43,958 quintaux, indépendamment de 2 millions environ de fruits entiers. Il se fait aussi un très grand commerce de noix d'Arec à Singapour et surtout à Sumatra.

Usages. — La semence d'Arec est employée par les peuplades de l'Inde et de la Malaisie comme masticatoire. Lorsqu'elle est destinée à cet usage, la graine encore jeune est coupée par tranches minces et desséchée au soleil. Quand elle a pris une coloration brun rougeâtre plus ou moins foncée, on la mélange avec de la chaux dans une feuille de Bétel, en y ajoutant un peu de camphre ou de cardamome.

CHAPITRE II

Des principes contenus dans la noix d'Arec.

La noix d'Arec a été analysée pour la première fois
en 1822 par B. Morin, pharmacien à Rouen. Nous allons
résumer en quelques lignes l'étude qu'il fit paraître en
octobre 1822 dans le Journal de Pharmacie, sous le titre
de : *Essai analytique sur les fruits de l'aréquier, Areca
catechu, famille des Palmiers*.

Morin soumet d'abord les noix d'Arec à l'action de
l'alcool froid. Après vingt-quatre heures de traitement
l'alcool avait contracté une couleur brunâtre et une saveur
astringente. L'alcool est renouvelé jusqu'à nullité d'action,
puis filtré pour être distillé au bain-marie. Le produit de
la distillation n'a aucune odeur étrangère à l'alcool. Le
résidu laissé dans le bain-marie est solide, de couleur rougeâtre et d'une astringence très prononcée ; Morin traite
ce résidu par l'eau distillée qui n'en dissout qu'une partie ;
il filtre pour séparer une matière rouge insoluble et la met
à part pour l'examiner ultérieurement.

Une portion de cette liqueur évaporée avec ménagement
donne un extrait d'un brun rougeâtre et d'une saveur
extrêmement astringente. Mis en contact à la température
ordinaire avec de l'éther sulfurique, celui-ci se colore faiblement en jaune. La matière non dissoute par l'éther, Morin

la considère comme étant du tannin. La liqueur éthérée fournit, par évaporation spontanée, des traces d'une matière grasse verdâtre.

Morin étudie ensuite l'action de l'éther, puis celle de l'eau sur la substance épuisée par l'alcool. Par ces différents traitements, il obtient de nouveaux produits. Il conclut en disant que les noix d'Arec renferment du tannin, de l'acide gallique, une substance amère, une matière colorante rouge, une huile essentielle, une huile grasse, de la gomme, du ligneux et différents sels.

Ce n'est que cinquante ans plus tard qu'il en fut fait une deuxième analyse par Flückiger et Hanbury. Ces pharmacologistes retirèrent de la noix d'Arec, épuisée successivement par l'éther, l'alcool et l'eau, une matière grasse (14 p. 100) composée de laurine et de myristine, une matière tannique rouge (14,77 p. 100), amorphe, à peine soluble dans l'eau froide ou chaude et une matière mucilagineuse précipitable par l'alcool. Les cendres renfermaient de l'oxyde de fer et du phosphate de magnésie. En même temps, ils établirent que les noix d'Arec ne renferment pas de *catéchine* et que, en conséquence, l'extrait qu'on en retire, qui d'ailleurs ne se vend pas dans le commerce européen, diffère du cachou de l'Acacia.

En 1886, Bombelon signalait le premier, dans la noix d'Arec, la présence d'un alcaloïde liquide, doué d'une grande activité physiologique. Mais ce n'est que trois ans plus tard, en 1889, qu'il donna la méthode qui lui avait servi à isoler cet alcaloïde qu'il avait désigné sous le nom mal choisi d'*arécane*.

A cette époque, Jahns publie les premiers résultats de

ses travaux sur ce sujet (Ueber die Alkaloïde der Arecanuss. *Ber. d. d. chem. Ges.*, XXI, p. 3492, in *Arch. der Pharm.* [3], XXVII, p. 273).

Voici le résumé du travail de Jahns :

La noix, pulvérisée, est d'abord traitée à froid par un lait de chaux.

On neutralise à l'aide de l'acide sulfurique, on concentre convenablement, on filtre, on alcalinise le liquide et on l'agite avec de l'éther. Ce dissolvant enlève un premier alcaloïde que l'auteur désigne sous le nom d'*arécoline*.

Le liquide restant est neutralisé par l'acide sulfurique, puis traité successivement par le sulfate d'argent, la baryte caustique et l'acide carbonique. Deux autres alcaloïdes sont ainsi mis en liberté. Leur solution est évaporée au bain-marie.

On épuise alors le résidu, soit par l'alcool absolu froid, soit par le chloroforme, qui ne dissolvent pas l'un de ces alcaloïdes, l'*arécaïne*, mais dissolvent le troisième.

L'*arécoline* $C^{16} H^{13} AzO^4$ (formule équivalentaire) est un corps liquide, incolore, huileux, à réaction fortement alcaline, soluble en toutes proportions dans l'eau, l'alcool, l'éther et le chloroforme. Il peut être distillé et forme des sels facilement solubles. Le chloroplatinate d'arécoline $(C^{16} H^{13} AzO^4 HCl)^2 PtCl^4$ (formule équivalentaire) se présente sous la forme de cristaux rouge orangé. Les propriétés tænifuges de la noix d'Arec paraissent devoir être attribuées à l'arécoline qui, par sa composition comme par ses propriétés, se rapproche de la pelletiérine de l'écorce de grenadier.

L'arécaïne $C^{14} H^{11} AzO^4 + H^2 O^2$ (formule équivalentaire) constitue des cristaux incolores, stables à l'air, faiblement solubles dans l'eau, presque insolubles dans l'alcool absolu, dans l'éther et le chloroforme. Avec les acides, l'arécaïne donne des sels cristallisables à réaction acide, très solubles dans l'eau et peu solubles dans l'alcool. Cet alcaloïde présente des propriétés analogues à celles de la trigonelline et, comme cette dernière, n'exerce pas d'action physiologique marquée sur les animaux.

Le troisième alcaloïde de la noix d'Arec est un corps amorphe, à réaction fortement alcaline, facilement soluble dans l'eau, l'alcool et le chloroforme. Jahns n'étudie pas ses propriétés.

Tel est le résumé du premier travail de Jahns sur les alcaloïdes de la noix d'Arec, travail paru en 1889.

Ainsi, en même temps que Bombelon, Jahns réussit de son côté à isoler l'alcaloïde liquide contenu dans la noix d'Arec. Mais il lui donne le nom d'*arécoline*, nom meilleur que celui d'*arécane*, puisque la terminaison rappelle la consistance liquide du produit obtenu.

Nous venons de voir que pour M. Jahns il existe une certaine analogie entre l'arécoline et la pellétiérine, comme composition et comme propriétés. Toutefois il est probable que les deux bases n'appartiennent pas à la même série. L'une, la pellétiérine, se rattache à la série de la *tropine;* l'autre, l'arécoline, à la série de la *tétrahydropyridine*. D'un autre côté, si certaines de leurs propriétés physiques et physiologiques pouvaient, à un moment donné, permettre de les rapprocher, un grand nombre de leurs propriétés chimiques les sépare. C'est ainsi que le pellétiérine ne donne pas de sel double avec le chlorure de platine, sel double qui s'obtient facilement avec l'arécoline.

Dans un second travail paru en 1891 (Ueber die Alka-
loide der Arekannus. *Arch. der Pharm.* [3], XXIX, 1891,
p. 669), Jahns apporte d'importantes modifications à la
méthode et soumet à de nouvelles études les composés
découverts par lui ; le mémoire qu'il consacre à la description de ses recherches est considérable. En voici le résumé.

Les noix d'Arec pulvérisées grossièrement sont épuisées
à deux reprises par de l'eau froide additionnée de 2 gr.
d'acide sulfurique concentré pour 1 kilogr. de semences.
Les liquides rassemblés et filtrés sont évaporés jusqu'à ce
que leur poids soit égal à celui des noix traitées. On filtre
de nouveau, on ajoute de l'acide sulfurique très étendu et
on précipite avec une solution d'iodure de potassium et de
bismuth. Le précipité rouge brique que l'on obtient ainsi
est d'abord lavé à deux ou trois reprises, puis chauffé à
l'ébullition dans de l'eau tenant en suspension un excès de
carbonate de baryte. On filtre, on évapore le liquide filtré
jusqu'à consistance sirupeuse, on ajoute un excès de solution de baryte caustique concentrée et, immédiatement, on
agite avec de l'éther. La solution éthérée renferme l'*arécoline* qu'on obtient, après évaporation du dissolvant, sous la
forme d'une huile légèrement colorée.

On dilue avec de l'eau le liquide épuisé par l'éther, on
neutralise avec de l'acide sulfurique, on chauffe et on ajoute
du sulfate d'argent de façon à précipiter la totalité de l'iode.
On filtre, on enlève l'argent qui reste par l'hydrogène
sulfuré, après quoi on précipite soigneusement l'acide
sulfurique avec de l'eau de baryte et on évapore presque à
sec. Le produit renferme les quatre autres alcaloïdes. La
choline seule étant soluble dans l'alcool froid, on l'enlève

-à l'aide de ce dissolvant et il reste un résidu renfermant l'*arécaïdine*, l'*arécaïne* et la *guvacine* qui sont ensuite séparées à l'aide de réactifs appropriés.

Choline. — Cet alcaloïde, dont on a constaté la présence dans un grand nombre de plantes, est ici en très faible proportion. Il est vraisemblable que la noix d'Arec contienne également de la lécithine qui est, comme on sait, un éther de la choline et qui a été rencontrée dans la plupart des semences riches en matières grasses.

Arécoline. — L'arécoline se présente sous la forme d'un liquide huileux, incolore, inodore, à réaction fortement alcaline, soluble en toutes proportions dans l'eau, l'alcool, l'éther et le chloroforme. Elle est volatile et bout vers 209°. Elle fournit, avec les acides, des sels neutres solubles, la plupart cristallisables, qui donnent avec l'iodure de potassium et de bismuth un précipité rouge grenat, composé de cristaux microscopiques et avec l'acide phosphomolybdique un précipité blanc. Sa formule brute est $C^8H^{13}AzO^2$.

Le bromhydrate d'arécoline est le sel d'arécoline qui cristallise le plus facilement. On l'obtient en prismes longs et fins en le faisant cristalliser dans l'alcool bouillant. Il fond à 167°.

L'arécoline est un corps doué d'une activité physiologique puissante et, d'après Marmé, il faut lui rapporter les propriétés vermifuges de la noix d'Arec. Elle détermine des phénomènes d'intoxication qui rappellent en partie ceux que provoque la pelletiérine, et en partie ceux que provoquent la muscarine et la pilocarpine.

L'arécoline traitée par l'acide iodhydrique donne de l'iodure de méthyle et de l'arécaïdine. On doit donc la considérer comme un éther méthylique de l'arécaïdine.

Arécaïdine. — Cet alcaloïde, qui existe en faible proportion dans la noix d'Arec, s'obtient facilement en saponifiant l'arécoline à l'aide de l'eau de baryte. L'arécaïdine est un corps cristallisé en lamelles épaisses à quatre et six côtés. Elle est très soluble dans l'eau et l'alcool étendu, moins soluble dans l'alcool concentré et presque insoluble dans l'alcool absolu. Elle est insoluble dans l'éther, le chloroforme et le benzol. Elle renferme de l'eau de cristallisation qu'elle perd à 100°. Sa formule brute est $C^7 H^{11} AzO^2 + H^2O$. Elle forme, avec les acides, des sels à réaction acide, qui sont cristallisés et solubles dans l'eau. L'auteur a réussi à préparer son dérivé méthylique, qui est identique avec l'arécoline, ainsi que l'homologue de celui-ci (éther éthylique de l'arécaïdine, l'*homarécoline*).

M. Jahns s'appuyant sur certaines propriétés chimiques de l'arécaïdine, considère ce corps comme un *acide méthyltetra hydronicotinique* et l'arécoline comme l'éther méthylique de cet acide. Il l'a du reste obtenu artificiellement en partant de l'acide nicotinique, $C^6H^5AzO^2$.

Guvacine (de *guvaca*, nom de l'Arec dans l'Inde). — Cet alcaloïde se présente en cristaux incolores, brillants, facilement solubles dans l'eau, insolubles dans l'alcool absolu, l'éther, le chloroforme et le benzol. Lorsqu'on chauffe ces cristaux, ils brunissent vers 265°, puis fondent en se décomposant de 271 à 272°. La guvacine donne, avec les acides, des sels bien cristallisés, à réaction acide, qui se

dissolvent dans l'eau et l'alcool faible. La formule brute
est $C^6H^9AzO^2$.

—

Arécaïne. — L'arécaïne se présente sous forme de cristaux
incolores, solubles dans l'eau et l'alcool dilué. Ces cristaux
renferment de l'eau de cristallisation qu'ils perdent à 100°,
ils fondent vers 213° et se carbonisent à une température
plus élevée. L'arécaïne forme des sels bien cristallisés
avec les acides ; sa formule brute est $C^7H^{11}AzO^2$, H^2O ;
c'est donc un isomère de l'arécaïdine. Comme, d'autre part,
l'auteur a pu obtenir l'arécaïdine en méthylant la guvacine,
il s'ensuit que le premier de ces alcaloïdes est de la méthyl-
guvacine $C^6H^8O^2AzCH^3$.

Voici la formule de constitution des quatre derniers de
ces alcaloïdes :

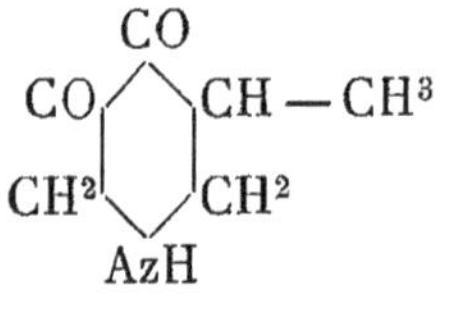

$$\underset{\text{Guvacine -}}{\overset{\displaystyle CO}{\underset{\displaystyle AzH}{\overset{CO\diagdown\quad\diagup CH-CH^3}{CH^2\diagdown\quad\diagup CH^2}}}}\qquad\underset{\text{Arécaïne}}{\overset{\displaystyle CO}{\underset{\displaystyle AzCH^3}{\overset{CO\diagdown\quad\diagup CH-CH^3}{CH^2\diagdown\quad\diagup CH^2}}}}$$

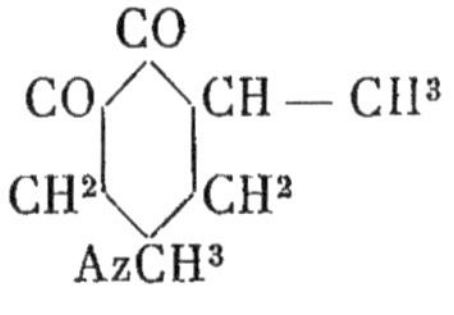

$$\underset{\text{Arécaïdine}}{C^5H^7Az\diagup\diagdown\overset{CH^3}{\underset{COOH}{}}}\qquad\underset{\text{Arécoline}}{C^5H^7Az\diagup\diagdown\overset{CH^3}{\underset{COOCH^3}{}}}$$

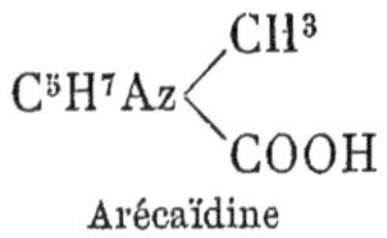

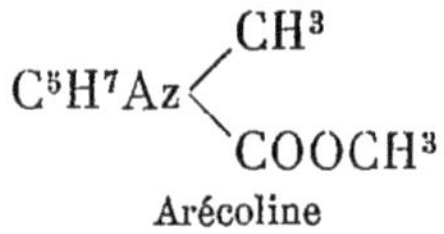

Ainsi, pour M. Jahns, cinq alcaloïdes nettement carac-
térisés existeraient dans les noix d'Arec : *l'arécoline*, la
choline, *l'arécaïne*, *l'arécaïdine* et la *guvacine*. Peut-être
nous sera-t-il permis, en nous basant sur les résultats de
nos recherches, de mettre en doute l'existence de cette
pléiade d'alcaloïdes.

Pour notre part, en effet, nous ne croyons pas qu'il soit possible d'admettre les résultats fournis par M. Jahns. Les formules établies et publiées par ce chimiste allemand font des alcaloïdes de la noix d'Arec des dérivés soit de la série tétrahydropyridique, soit d'une hydro-oxypyridone. Or, on sait que ces dérivés hydrogénés jouissent d'une stabilité relative et leur défaut de stabilité est encore accru lorsqu'ils renferment dans leur molécule une fonction d'éther-sel. Tel est le cas de l'arécoline.

Nous citerons comme exemple la facile décomposition de l'atropine par des traces d'alcali, et la facile saponification de la cocaïne. Or, le procédé indiqué par Jahns est un procédé long, nécessitant des manipulations répétées, l'emploi d'un réactif d'une instabilité remarquable, la nécessité de faire intervenir l'eau à l'ébullition pour la décomposition de l'iodo-bismuthate formé et en dernier lieu l'emploi d'un alcali pour la séparation de l'arécoline dont la fonction éther-sel doit être influencée.

Les propriétés chimiques de l'arécoline ont permis à Jahns d'en faire un *éther méthylique* d'une base, l'*arécaïdine*, qui se trouve, ainsi que nous l'avons vu, dans la noix d'Arec. Il n'y aurait rien de surprenant que cette dernière base ne préexiste pas dans l'Arec, mais qu'elle se forme pendant les manipulations aux dépens de son éther méthylique, l'*arécoline*.

A l'appui de cette hypothèse, viennent les deux faits suivants : premièrement l'arécaïdine existe en faible proportion dans la noix d'Arec; secondement, l'arécoline est facilement dédoublée par l'eau de baryte.

Les mêmes objections peuvent être également faites à

la préexistence de la *guvacine* dans les semences d'Arec. L'arécaïne est en effet de la méthyl-guvacine.

Nous savons bien que cette manière d'envisager les résultats obtenus par le chimiste allemand peut soulever de nombreuses objections. C'est ainsi que la morphine se trouve dans l'opium à côté de son éther méthylique, la codéïne. Mais dans ce dernier cas nous nous trouvons en présence d'un éther phénolique et les éthers phénoliques jouissent en général d'une grande stabilité, si bien qu'on ne saurait comparer ces éthers aux éthers dont la cocaïne est le type; or, d'après la formule établie par Jahns, c'est aux éthers ayant pour type la cocaïne en tant qu'alcaloïde que l'on doit rattacher l'arécoline. — De plus l'action physiologique des produits retirés de l'Arec par la méthode générale de recherches toxicologiques utilisée par nous au début, nous a permis d'obtenir des produits beaucoup plus toxiques que le chlorhydrate d'alcaloïde dont nous indiquerons plus loin la préparation.

D'autre part nous verrons dans la suite l'innocuité présentée par la noix d'arec en poudre, la faible toxicité de l'alcaloïde naturel alors que l'extrait fluide possède une action comparable aux produits obtenus dans la première période de nos recherches.

De cet ensemble de faits nous pourrons conclure que l'alcaloïde de l'arec est un corps extrêmement instable, si instable même que son chloro-aurate et son chloro-platinate sont en dissociation le jour même de leur préparation, et que cet alcaloïde dans les longues manipulations nécessitées par la méthode générale d'extraction des alcaloïdes ou la préparation de l'extrait fluide a donné des produits de transformation que Jahns a regardé comme cinq alcaloïdes différents existant dans l'arec.

Afin de nous mettre à l'abri de toutes les causes possibles d'altération et sur les conseils de M. le professeur Pouchet, nous nous sommes arrêtés au traitement suivant qui paraît donner d'excellents résultats.

La noix d'Arec est réduite en poudre, puis mise en contact pendant quarante-huit heures avec de l'eau acidulée par de l'acide acétique; le tout est abandonné à l'étuve à 42°. On décante le liquide; on reprend par une nouvelle quantité d'eau acidulée, on réunit les deux colatures et on filtre. L'excès d'acide acétique est presque complètement saturé par la soude, et dans le liquide possédant une réaction à peine acide, on ajoute du sous-acétate de plomb jusqu'à ce que le liquide ne donne plus de précipité par l'addition d'une goutte de sous-acétate de plomb. On filtre; l'excès de plomb est éliminé par un courant d'hydrogène sulfuré et dans la liqueur rendue acide par quelques gouttes d'acide chlorhydrique on précipite par le réactif de Mayer (iodure double de potassium et de mercure), en ayant soin de ne pas ajouter un excès de réactif. On obtient de la sorte un précipité dense présentant tous les caractères des chloro-mercurates d'alcaloïde. Ce précipité est recueilli sur un filtre et mis en suspension dans l'eau acidulée par acide chlorhydrique, puis décomposé par l'hydrogène sulfuré. Le liquide filtré abandonne par évaporation dans le vide le sel d'une substance présentant les caractères d'un alcaloïde.

Nous avons pu recueillir de la sorte pour 250 gr. de noix d'Arec, quelques centigr. de ce chlorhydrate. En opérant sur 10 kilog. de noix d'Arec nous avons obtenu un résultat identique à celui de notre essai. Malheureusement le temps nous a manqué pour pouvoir faire d'analyse de cette substance et établir sa constitution chimique.

Pour compléter cette étude un peu sommaire des principes contenus dans la noix d'Arec, nous avons essayé d'isoler, la matière colorante rouge intense renfermée dans cette semence. Le traitement suivant a paru donner de bons résultats.

La noix d'Arec est mise à digérer avec de l'alcool acidifié par de l'acide citrique. On distille dans le vide pour retirer la majeure partie du dissolvant. Le résidu est précipité par l'alcool à 95°. On distille l'alcool au bain-marie. Le résidu dissous dans l'eau alcoolisée est épuisé par un mélange à parties égales d'éther et d'éther acétique.

On obtient de la sorte une matière rouge brunâtre douée d'un pouvoir colorant intense, partiellement soluble dans l'eau, très soluble dans l'alcool et communiquant à ses solutions dans l'acide acétique une fluorescence remarquable, fluorescence comparable à celle d'une solution aqueuse d'éosine.

Cette substance est dépourvue de toute action physiologique.

Nous avons réservé pour la fin de notre étude la recherche des corps gras que renferme la noix d'Arec. C'est qu'en effet, la matière grasse, contenue dans cette semence en assez forte proportion (14 p. 100, d'après Flückiger et Hanbury), présente ici une importance sur laquelle nous croyons qu'il nous sera permis d'attirer l'attention. Les expériences relatées plus loin, les observations que nous avons pu recueillir montrent que l'emploi de la noix d'Arec comme tænifuge ne nécessite pas l'absorption ultérieure d'un purgatif. Nous croyons que l'expulsion des vers doit être rattachée à la présence de cette matière grasse.

Nous avons pu en isoler une assez grande quantité. Le

dosage que nous avons effectué nous a permis d'en constater 15 p. 100.

Nous avons ensuite recherché au point de vue pharmaceutique s'il n'était pas possible d'administrer l'Arec sous forme d'extrait fluide, cette forme pharmaceutique étant généralement d'un dosage rigoureux. En effet, une partie de cet extrait représente les parties solubles de 1 gr. de substance.

La préparation que nous avons faite est identique à celle proposée par le Codex américain pour les préparations de ces extraits. Nous la rappellerons ici brièvement :

100 gr. de poudre d'Arec sont introduits dans un appareil à déplacement, puis mouillés avec une quantité suffisante d'alcool à 60°. On laisse en contact pendant 12 heures; puis on traite par déplacement de manière à obtenir 80 centim. cubes d'alcoolat. On épuise le reste de la matière végétale par une nouvelle portion d'alcool à 60°. On distille pour retirer l'alcool; on évapore à consistance d'extrait mou. On dissout cet extrait dans les 80 premières parties d'alcoolat; on ajoute un cinquième du poids de glycérine, puis une quantité suffisante d'alcool à 60° pou, obtenir un poids total égal à celui de la plante employée.

Cette préparation, comme nous le verrons plus loinr possède, au point de vue physiologique, la même action que le chlorhydrate d'alcaloïde que nous avons obtenu, mais nous la croyons très défectueuse comme tænifuge, et bien inférieure à l'emploi de la poudre, celle-ci renfermant toute la matière grasse, matière que ne contient pas l'extrait fluide.

CHAPITRE III

Action physiologique de l'Arec et de ses principes immédiats.

Dans le chapitre précédent, nous avons vu que les alcaloïdes retirés de la noix d'Arec étaient pour la plupart des produits de transformation.

L'expérimentation physiologique des principes immédiats de l'Arec, se résume donc à l'action physiologique du chlorhydrate d'alcaloïde que nous avons obtenu.

Pour compléter cette expérimentation, nous étudions l'action qu'exerce sur les animaux l'extrait fluide américain de noix d'Arec. Les animaux qui ont servi aux expériences sont : des grenouilles, des cobayes, des sangsues, et un annélide du sous-ordre des oligochètes limicoles.

Nous ne parlerons pas de la matière grasse, qui n'a pas un rôle physiologique proprement dit, mais plutôt mécanique, agissant comme les huiles ou la glycérine sur les parois de l'intestin, provoquant et facilitant l'évacuation.

L'action exercée par les principes de la noix d'Arec ne porte pas uniquement sur un système défini. L'action est complexe et porte à la fois sur le système musculaire et le système nerveux ; ce que l'on peut facilement voir par l'examen des tracés cardiaques et des tracés myographiques obtenus chez la grenouille.

Nous étudierons donc tout d'abord, l'action exercée par l'Arec sur le cœur, puis nous tenterons, après l'examen de l'action de cette même substance sur le muscle et sur le système nerveux, l'interprétation physiologique réelle.

Action sur le cœur. — La dose toxique du chlorhydrate d'alcaloïde varie de 0,025 milligr. à 0,03 centigr. pour les grenouilles, en injection sous-cutanée.

La dose de 0,020 milligr. produit déjà chez ces animaux des effets remarquables sur l'organe central de la circulation ; immédiatement après l'injection, on remarque une augmentation considérable de l'amplitude, sans diminution dans les fréquences des pulsations cardiaques. Cet état dure plusieurs heures de suite ; le cœur ne s'arrête pas, et si nous avons pu constater une diminution légère dans le nombre des pulsations cardiaques, trois heures après l'injection (45 au lieu de 51), cette diminution est tout à fait passagère et insignifiante, le cœur revient et l'animal ne meurt pas.

A la dose de 3 centigr. en injection sous-cutanée, le cœur de la grenouille s'arrête deux heures environ après l'injection. L'arrêt du cœur a lieu en diastole et a une certaine analogie avec ce que Prevost (de Genève) a obtenu dans ses remarquables travaux sur la muscarine ; les oreillettes et le ventricule sont relâchés et distendus par le sang. Toutefois nous noterons une différence notable, à savoir qu'après l'arrêt du cœur sous l'action de la muscarine, cet organe reste excitable, ce qui ne se produit nullement avec le chlorhydrate d'alcaloïde que nous avons expérimenté.

L'augmentation d'amplitude des contractions, que nous

avons déjà signalée, pour des doses plus faibles, existe également avec la même intensité, à la dose de 3 centigr.; mais à cette dose, nous avons à noter concurremment avec l'augmentation d'amplitude, une augmentation de fréquence des battement sassez persistante (46 normale, 5o immédiatement après l'injection, 53, treize minutes après l'injection, etc.), et si, sous l'action du principe toxique, le cœur finit par se ralentir peu à peu, les dernières systoles ne se produisent pas aussi difficilement que cela a lieu avec des doses faibles de muscarine, bien au contraire elles ont une énergie encore supérieure à la systole normale de l'animal, comme on peut le constater sur un des tracés que nous avons reproduit (*tracé I*).

La dose toxique d'extait fluide pour des grenouilles en injection sous-cutanée varie de un quart à un demi-centim. cube; l'action est analogue à celle du chlorhydrate; on obtient une augmentation d'amplitude immédiate et persistante. Le cœur meurt en diastole, une heure environ après l'injection (*tracé II*).

Action sur les muscles et le système nerveux. — L'Arec paraît avoir sur les muscles et sur les nerfs une double action.

En instillation sur un gastrocnémien de grenouille, l'extrait fluide d'Arec, à la dose de 4 gouttes, enlève rapidement au muscle sa contractilité. Le chlorhydrate d'alcaloïde employé dans les mêmes conditions, empêche également le muscle de se contracter, mais l'action qu'il exerce sur ce tissu est beaucoup moins rapide.

Les tracés myographiques obtenus par excitation directe

Tracé I.

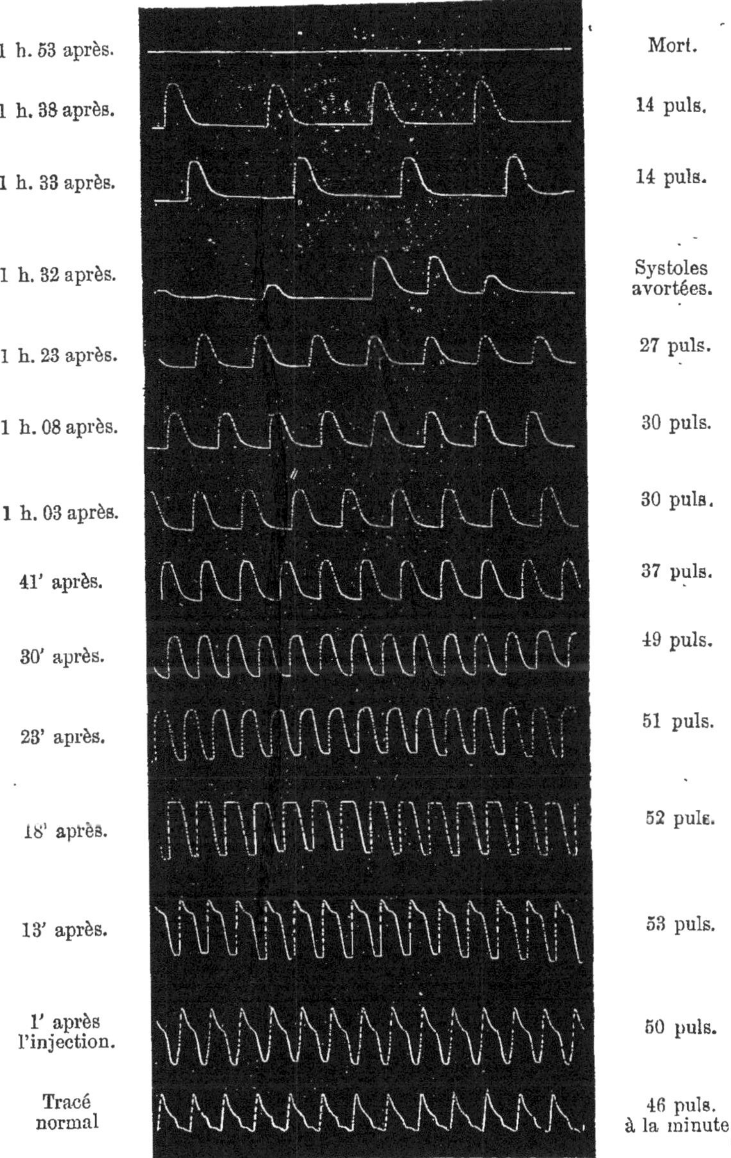

Action du chlorhydrate d'alcaloïde de la noix d'Arec sur le cœur de la grenouille (1/2 gr. nat.). Cardiographe Verdin-Vibert.

Injection sous-cutanée de 3/4 c.c. Arrêt du cœur en diastole 1 h. 53 après l'injection.

du gastrocnémien, et par excitation indirecte par le scia-

Tracé II.

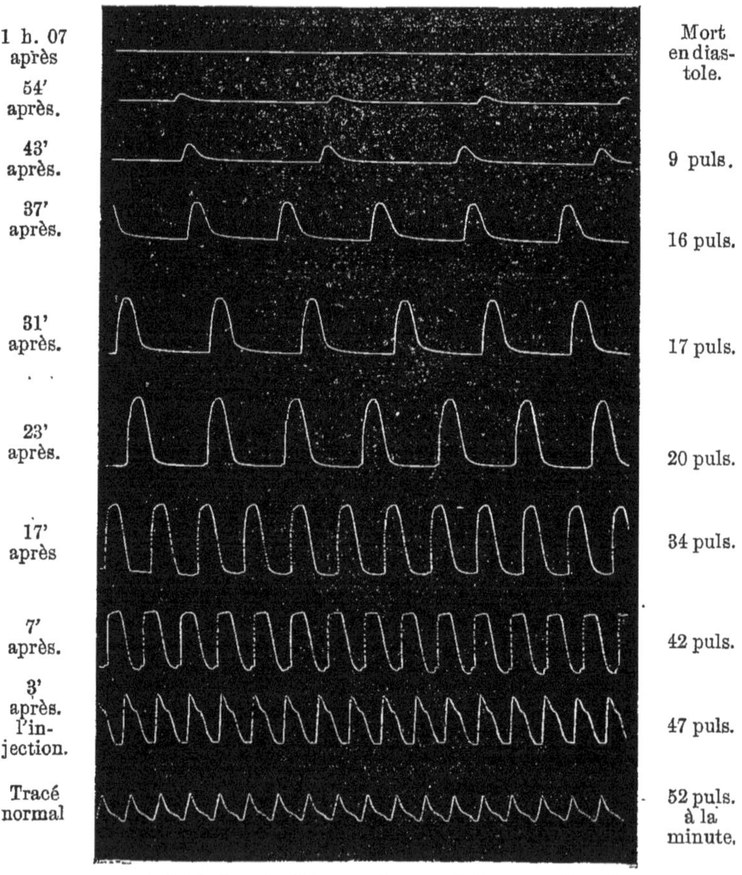

Action de l'extrait fluide de noix d'Arec sur le cœur de la grenouille (1/2 grand. nat.)
Cardiographe Verdin-Vibert.
Injection sous-cutanée de 1/2 c.c. extrait fluide. Arrêt du cœur en diastole 1 h. 07
après l'injection.

tique, montrent qu'à la suite d'une injection sous-cutanée
de 1/2 c.c. d'extrait fluide de noix d'Arec :

1° Le muscle perd d'une façon progressive sa contrac-tilité, et que, une heure après l'injection, le muscle ne répond plus à une excitation directe, même lorsque l'on emploie des courants relativement très forts.

2° Le muscle ne se contracte plus par excitation du scia-tique, une demi-heure après l'injection, et que même en doublant l'intensité de l'excitation, la contraction que l'on obtient est très faible, comparativement à l'intensité de l'excitation, et à l'amplitude de la contraction normale obtenue avec une intensité d'excitation moitié moindre. Si nous représentons l'excitation primitive avant toute injec-tion par E et l'amplitude de la contraction par c, nous obtenons une demi-heure après l'injection

$$2\,E = \frac{c}{3}$$

3° Le muscle ne répondant plus à une excitation directe même par des courants relativement très forts, répond à l'excitation du sciatique soumis à des courants de même intensité.

L'extrait fluide de noix d'Arec paraît avoir une action particulière sur les mouvements volontaires ; les grenouilles qui ont reçu une injection sous-cutanée sont incapables de se mouvoir de leur propre volonté, et ne répondent aux excitations quelconques que par de légers mouvements, mais ne se sauvent pas.

Ce fait est à rapprocher de l'immobilité absolue où étaient les cobayes, comme nous l'avons indiqué dans les observations détaillées de quelques-unes de nos expé-riences.

Chez les cobayes, nous n'avons trouvé ni abolition ni

exagération dés réflexes ; chez les animaux à sang froid aucune hyperexcitabilité.

Action sur les animaux à sang chaud. — Le chlorhydrate d'alcaloïde produit chez les cobayes, en injection sous-cutanée, des effets analogues à ceux produits par l'extrait fluide, hypothermie, diarrhée, et exagération de la diurèse; mais la petite quantité que nous en avons isolée ne nous a pas permis de pousser plus loin notre expérimentation. Toutefois cette substance ne nous paraît pas avoir le degré de toxicité qu'on a indiqué, car à la dose de o gr. o6 centigr. en solution aqueuse et en injection hypodermique chez un cobaye de 620 grammes nous n'avons pas obtenu la mort de l'animal, ni même une hypothermie aussi intense qu'avec l'extrait fluide.

En injection hypodermique chez des cobayes, l'extrait fluide de noix d'Arec est toxique à la dose de 1 à 2 c.c., variable en cela avec le poids de l'animal.

A doses toxiques l'extrait fluide amène la mort de l'animal au milieu de symptômes graves, hypothermie très accusée (chute de 7°), dyspnée intense, impotence fonctionnelle. A l'autopsie, on constate une hyperhémie généralisée de tous les organes.

A doses sub-toxiques, les effets de la noix d'Arec se réduisent à une hypothermie très marquée, à une action sialagogue, à une hypersécrétion biliaire et intestinale, et à une augmentation notable de la diurèse.

En injection intra-péritonéale chez des cobayes, la dose toxique est la même qu'en injection hypodermique. Il n'y a de différences que dans les effets produits chez les animaux en expérience, effets en rapport avec le degré de rapidité d'absorption du poison.

Action de l'Arec sur les invertébrés. — Pour expliquer l'action vermicide de l'Arec, nous avons pensé qu'il serait intéressant d'essayer cette action sur des animaux qui se rapprocheraient par leur constitution des parasites intestinaux de l'homme et des animaux domestiques. Nous avons choisi pour cette expérimentation d'une part la sangsue, qui par son mode de fixation rappelle les cestodes; d'autre part un ver appartenant à un genre voisin des hirudinées, un annélide comme la sangsue, le Naïs.

Les sangsues qui ont servi aux expériences appartiennent à différentes espèces (voir le détail des expériences).

Chaque animal a été plongé dans un même volume d'eau, 150 centim. cubes d'eau distillée contenant un demi c. c., 1 c. c., 2 c. c. d'extrait fluide de noix d'Arec. L'action de l'Arec a été constante sur les ventouses de la sangsue ; l'animal a perdu le pouvoir de se servir de ses ventouses presque instantanément; la mort de l'animal nécessite seulement une dose assez élevée. L'action de la noix d'Arec comme vermicide paraît donc se localiser particulièrement sur le système musculaire du parasite, l'empêche de se fixer aux parois de l'intestin où il vit et permet ainsi son évacuation ; il est intéressant de remarquer qu'il a en cela une analogie fort grande avec l'action de la pellétiérine.

Pour expérimenter l'action de la noix d'Arec sur les parasites animaux, se rapprochant autant que possible par leur constitution des parasites qu'on rencontre dans les intestins de l'homme et des animaux, nous avions pensé pouvoir nous servir des Gordius, classés parmi les nématodes aberrants pour certains auteurs, et formant pour d'autres un ordre spécial parmi les helminthes. Mais après quelques vaines tentatives, nous avons été obligé de recourir à un autre ordre de vers voisin des sangsues, de la même classe des annélides, mais d'un ordre différent, les oligochètes. Nous nous sommes servis de Naïs, petits vers très contractiles et qu'on rencontre assez fréquemment dans les flaques d'eau boueuse et la vase.

Plongés dans de l'eau distillée, ces vers conservent leurs mouvements très animés et au moindre contact se roulent sur eux-mêmes, se pelotonnent. Si on ajoute alors au milieu dans lequel ils vivent quatre gouttes d'extrait fluide d'Arec, on les voit subitement pris de mouvements désordonnés, ils ne peuvent plus se replier sur eux-mêmes et au bout de quelques minutes ils sont en pleine extension. L'animal vit encore pendant plusieurs heures n'exécutant que de faibles mouvements des extrémités buccales et caudales.

Interprétation physiologique et discussion des résultats obtenus
Toxicité.

On a rapproché l'action physiologique de l'alcaloïde actif de l'Arec des propriétés physiologiques de deux autres alcaloïdes, la muscarine et la pelletiérine.

Cette comparaison nous paraît être excessive. Si la muscarine a une action analogue sur le cœur, avec l'alcaloïde que nous avons expérimenté, elle ne consiste que dans l'arrêt du cœur en diastole. Comme nous l'avons déjà fait remarquer dans un paragraphe précédent, il existe déjà une grande différence dans l'état physiologique du cœur après la mort. Après l'arrêt du cœur par la muscarine, le cœur reste excitable, rien de semblable après l'arrêt du cœur soit par notre chlorhydrate, soit par l'action de l'extrait fluide ; le cœur n'est plus excitable, peut-on répondre, parce que le muscle cardiaque est mort. La raison de l'objection paraît vraisemblable ; mais alors comment expliquer la mort subite du cœur ?

Comme nous avons vu à propos de l'étude de l'action de l'Arec sur les muscles, le muscle paraît perdre assez rapidement sa contractilité mais reste encore excitable indirectement par son nerf.

D'autre part, si on considère les effets produits sur les glandes par l'Arec, on voit partout une hypersécrétion ; hypersécrétion due vraisemblablement en partie à une hyperexcitabilité du sympathique, en partie à une augmentation probable de la tension sanguine ; quel est l'élément le plus important, nous ne pouvons pas encore le préciser, notre expérimentation n'ayant pas pu être poussée plus loin.

Ceci posé, ne pourrait-on pas voir dans l'arrêt du cœur, deux phénomènes se succéder, mort du muscle, puis arrêt du sympathique et des centres accélérateurs épuisés à la suite d'une hyperactivité.

Nous ne pensons pas résoudre la question, à présent, nous nous proposons de la reprendre, de l'étudier avec plus de détails.

En tout cas l'action de l'Arec sur le système nerveux

paraît être double, une action sédative sur les nerfs moteurs, et nous ajouterons sur les nerfs sensitifs ; une action excitante probable sur les nerfs de la vie organique.

Certes il y a quelques points de ressemblance entre l'action de l'Arec et l'action de la pellétiérine et de la muscarine, mais nous croyons qu'une étude plus approfondie montrerait l'Arec ou son alcaloïde comme une substance à action spéciale.

Si nous nous trouvons sur différents points en désaccord avec ce qu'ont obtenu les auteurs qui ont étudié l'action physiologique de l'arécoline, nous croyons que la divergence d'opinion est le fait d'une diversité dans les produits retirés de l'Arec. Pour notre part nous sommes convaincu que les produits expérimentés précédemment sous le nom d'arécoline ne sont que des produits de transformation, comme nous l'avons déjà démontré dans un chapitre antérieur.

Nous croyons en outre pouvoir donner comme preuve à notre argumentation, la différence de toxicité que nous voyons entre nos produits et ceux déjà isolés. Alors que l'arécoline est un produit décrit très toxique, tuant des chiens à la dose de 5o milligrammes, le chlorhydrate d'alcaloïde que nous avons obtenu n'exerce d'action mortelle sur les grenouilles qu'à la dose de 3 centigrammes et d'action à peine sensible sur les cobayes à la dose de 6 centigr.

L'extrait fluide paraît être plus toxique, mais nous ferons remarquer que la préparation d'un tel extrait est défectueuse, pour des raisons que nous avons signalées ailleurs et que la toxicité supérieure que nous avons observée est due certainement au mode de préparation et à la formation de produits de métamorphose.

Détail des expériences.

Nous rapportons à la fin de ce chapitre quelques-unes des observations que nous a fournies l'expérimentation sur les cobayes et sur les sangsues.

Expériences faites sur les cobayes.

Exp. I. — *Injection sous-cutanée d'extrait fluide d'Arec chez un cobaye.*

Poids du cobaye, 670 grammes.

Injection de 1 c. c. d'extrait fluide à 10 h. 35 matin.

Mort, quatre heures après l'injection.

10 h. 40. L'animal allonge les pattes postérieures, se couche, paraît souffrir, mais marche, et se sauve si on veut le prendre.

11 h. 30. L'animal se blottit dans un angle de la cage, ne bouge plus, quand on le dérange de place, reste à la place où on le met. Il a de la dyspnée et de la gêne respiratoire.

1 h. 15. L'animal salive un peu, a de nombreux frissons.

2 heures. L'animal a une salivation intense, est couché sur le ventre, les pattes allongées, impotence fonctionnelle. Placé sur le dos il est incapable de se retourner.

Les frissons sont continus.

2 h. 20. L'animal est couché sur le côté droit, absolument inerte, comateux.

2 h. 35. Mort de l'animal, 4 heures après l'injection.

Pendant toute la durée de l'expérience, la température, prise toutes les trente minutes, indique une chute constante jusqu'à la mort, comme on peut voir sur le tableau qui suit, chute de 7°,9.

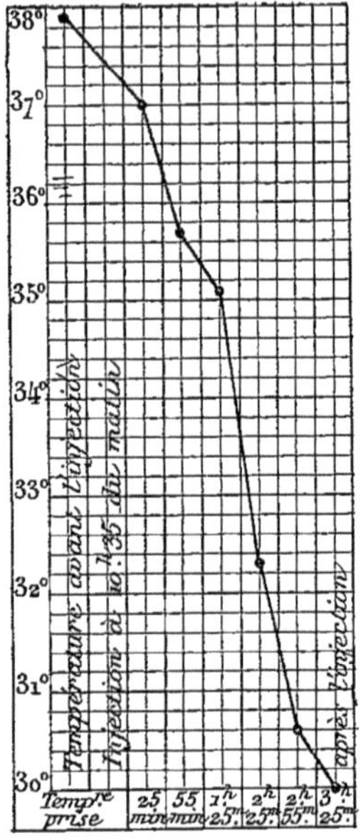

	HEURES	TEMPÉRATURE	VARIATIONS
Avant l'injection............	10 h. 30 matin	37°,9	
Injection à 10 h. 35 matin.			
25 m. après l'injection.	11 h. matin	37°,0	— 0°,9
55 — — ...	11 h. 30 —	35°,7	— 2°,2
1 h. 25 — — ...	12 h. soir	35°,1	— 2°,8
2 h. 25 — — ...	1 h. —	32°,3	— 5°,6
2 h. 55 — — ...	1 h. 30 —	30°,6	— 7°,3
3 h. 25 — — ...	2 h. —	30°,0	— 7°,9
4 h. — — ...	2 h. 35 —	Mort.	

Autopsie. — A l'ouverture, épanchement péritonéal séreux peu intense.

Intestins, présentant de petites congestions très disséminées, et surtout dans le gros intestin.

Intestin grêle entièrement plein de matière semi-liquide, blanchâtre, presque totalement formé de mucus.

Foie. Congestion très intense, vésicule biliaire très distendue, pleine de bile. Poids, 25 grammes.

Rate congestionnée. Poids 1 gr. 50.

Pancréas congestionné, marbré de rose rouge.

Reins. Congestion intense, pyramides difficilement visibles. Poids 6 grammes.

Cœur. Toutes les cavités sont remplies par des caillots noirs, mous, visqueux, avec un peu de sang noir épais mais liquide, sang asphyxique.

Poumons congestionnés par places à la surface, et principalement aux sommets ; mais à la coupe on voit que le poumon est entièrement congestionné, il crie sous le couteau, la surface de la coupe est bulleuse, par suite d'une exsudation bronchique intense, dont on peut bien se rendre compte, en comprimant légèrement le poumon qui laisse sortir des petites bronches des gouttes d'exsudat.

Le cerveau et la moelle présentent une légère congestion des méninges.

Exp. II. — *Injection sous-cutanée d'extrait fluide d'Arec chez un cobaye.*

Poids du cobaye, 430 grammes.

Injection de 1 c. c. d'extrait fluide à 2 h. 50 soir.

Mort à 4 h. 25, 1 h. 35 après l'injection.

L'animal ne paraît pas gêné tout d'abord, mais la respiration est de plus en plus difficile ; peu à peu les frissons apparaissent ainsi que la dyspnée.

3 h. 30. L'animal paraît souffrir beaucoup, il reste immobile, étendu sur le ventre toutes les pattes allongées ; si on le dérange de place il ne cherche pas à fuir ; il commence à saliver assez abondamment.

3 h. 50. L'animal est en impotence fonctionnelle, les frissons sont continus, la salivation n'augmente pas.

4 h. 25. L'animal meurt dans la position où on l'a placé la der-

nière fois qu'on a pris la température. La mort arrive 1 h. 35 après l'injection.

Comme dans'le cas précédent, la chute de température a été très rapide, et de 8°,5.

	HEURES	TEMPÉRATURE	VARIATIONS
Avant l'injection.	2 h. 30 soir	39°,2	
Injection à 2 h. 50 soir.			
20 m. après l'injection .	3 h. 10 soir	37°,2	— 2°,0
40 — — . . .	3 h. 30 —	34°,0	— 5°,2
55 — — . . .	3 h. 45 —	32°,4	— 6°,8
1 h. 10 — — . . .	4 h. —	30°,7	— 8°,5
1 h. 35 — — . . .	4 h. 25 —	Mort.	

Les lésions trouvées à l'autopsie de l'animal sont identiques à celles que nous avons décrites dans l'observation précédente ; nous noterons seulement une congestion encore plus intense des poumons, avec exsudat bronchique très abondant.

Exp. III. — *Injection sous-cutanée d'extrait fluide d'Arec, chez un cobaye.*

Injection non suivie de mort.

Poids du cobaye, 750 gr.

Injection de 1 c.c. d'extrait fluide à 11 h. 05 du matin.

11 h. 15. L'animal paraît souffrir, il est couché.

11 h. 45. L'animal a de la dyspnée ; si on cherche à le déranger de place il se sauve. Les réflexes ne sont pas abolis, quand on le pince il cherche à fuir, mais ne crie pas.

12 h. 05. La gêne respiratoire persiste.

1 heure. Le cobaye a des frissons.

2 h. 45. Les frissons augmentent.

3 h. 10. La salivation est intense, la bouche est couverte d'écume ; l'animal est inerte dans un angle de la cage.

3 h. 20. L'animal a eu une abondante diarrhée.

4 heures. Mêmes phénomènes.

De 4 heures à 6 heuses, la diarrhée est très abondante; il en est de même pour la miction ; la salivation cesse.

La température, qui avait baissé d'une façon constante, remonte un peu.

Le lendemain matin, l'animal est retrouvé vivant ; la diarrhée paraît avoir été très abondante pendant la nuit.

Le lendemain soir, l'animal mange, la diarrhée a cessé, la température est normale.

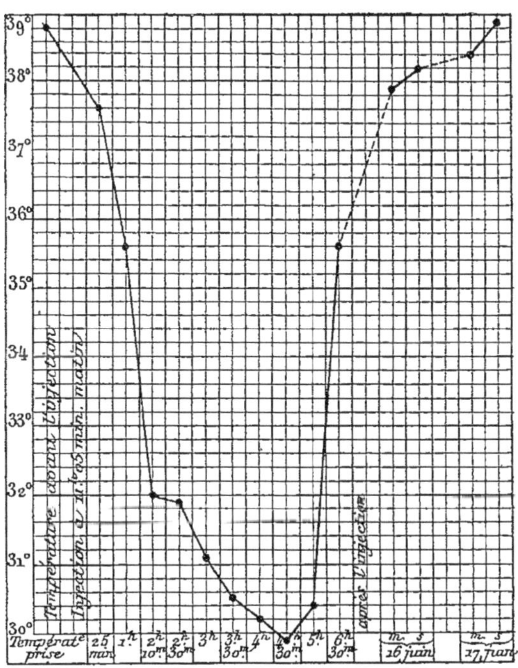

	HEURES	TEMPÉRATURE	VARIATIONS
Avant l'injection...........	10 h. 25 matin	38°,8	
Injection à 11 h. 05 matin.			
25 m. après l'injection.	11 h. 30 matin	37°,6	— 1°,2
1 h. — — ...	12 h. 05 soir	35°,6	— 3°,2
2 h. 10 — — ...	1 h. 15 —	32°,0	— 6°,8

	HEURES		TEMPÉRATURE	VARIATIONS
2 h. 30 après l'injection...	1 h. 35	soir	31°,9	— 6°,9
3 h. — — ...	2 h. 05	—	31°,1	— 7°,7
3 h. 30 — — ...	2 h. 35	—	30°,5	— 8°,3
4 h. .— — ...	3 h. 05	—	30°,2	— 8°,6
4 h. 30 — — ...	3 h 35	—	29°,8	— 9°,0
5 h. — — ...	4 h. 05	—	30°,4	— 8°,4
6 h. 30 — — ..	5 h. 35	—	35°,6	— 3°,2
Le 16 juin 1896. — ...	10 h. 30	matin	37°,9	— 0°,8
— — — ...	5 h.	soir	38°,2	— 0°,6
Le 17 juin 1896. — ...	11 h.	matin	38°,4	— 0°,4
— — — ...	5 h. 40	soir	38°,9	+ 0°,1

Comme on peut voir sur le tableau et sur la courbe de
température, les premiers instants qui suivent l'injection
la chute de température est rapide ; en deux heures
l'animal passe de 38°,8 à 35°,6, mais à partir de ce moment
la chute est lente et progressive : en même temps ont lieu
des phénomènes particuliers qui sont en partie cause de
la survie de l'animal : diarrhée et miction abondantes. Ces
deux phémonènes, qui ont permis au cobaye l'élimination
du principe toxique, sont à rapprocher d'un fait qu'il ne
faut pas perdre de vue en expérimentation physiologique :
la toxicité d'un produit n'est pas fixe pour une espèce,
aism est en rapport direct avec le poids de l'animal, autre-
ment dit *la toxicité d'un produit est fonction du poids de
l'animal.* Or dans le cas particulier, nous avons obtenu
l'action d'une dose subtoxique qui nous a permis d'assister
à l'action réelle de la substance ; d'ailleurs il serait facile de
prouver qu'avec la même dose, la mort fatale chez des
cobayes d'un point inférieur à celui qui a servi à la présente -expérience, n'arrive pas au milieu des mêmes

symptòmcs; en effet, un cobaye de 67o grammes meurt au bout de quatre heures alors qu'il ne faut que 1 h. 35 à un cobaye du poids de 43o grammes, et les seuls symptômes qui ont précédé la mort sont prostration, dyspnée et salivation. De plus, les lésions que nous avons trouvées à l'autopsie de ces derniers cobayes pouvaient en partie laisser prévoir l'action produite par l'Arec à doses plus faibles; la congestion intense des reins, du foie, l'hypersécrétion biliaire, l'hypersécrétion intestinale constatées à l'autopsie des cobayes ne sont-elles pas l'effet d'une action trop rapide et trop énergique de la substance? Action qui à une dose subtoxique ne peut donner lieu qu'aux phénomènes que nous avons indiqués chez le cobaye qui a survécu.

Exp. IV. — *Injection intra-péritonéalè d'extrait fluide d'Arec chez un cobaye.*

Poids du cobaye, 650 gr.

Première injection de 1 centim. cube d'extrait fluide à 2 h. 55 soir, non suivie de mort.

3 h. 05. L'animal se blottit dans un coin; paraît souffrir un peu.

3 h. 15. L'animal reste immobile, a de la diarrhée.

4 h. L'animal marche et ne paraît plus incommodé; la tempé· rature, qui avait légèrement baissé, remonte à 6 heures, l'animal a presque atteint de nouveau sa température normale primitive, et se porte bien le lendemain.

Deuxième injection d'extrait fluide 24 heures après la première.

Dose 2 centim. cubes, injectés à 2 h. 25 soir.

Injection suivie de mort.

2 h. 30. L'animal est en proie à un frisson intense; il est immobile, inerte, étendu sur le ventre, les pattes postérieures allongées.

2 h. 40. Les réflexes ne sont pas abolis, il répond encore au bruit.

2 h. 50. Impotence fonctionnelle ; l'animal reste dans la position où on le place.

2 h. 52. Mort de l'animal, 27 minutes après l'injection.

La chute de la température a été subite.

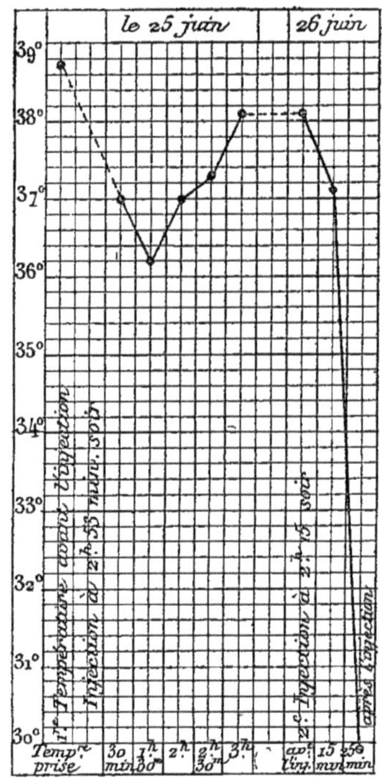

	HEURES	TEMPÉRATURE	VARIATIONS
Avant la première injection,			
25 juin 1896............ :	2 h. 53 soir	38°,7	
Injection à 2 h. 55 soir.			
30 m. après l'injection.	3 h. 25 soir	37°,0	— 1°,7
1 h. 30 — — ...	3 h. 55 —	36°,2	— 2°,5
2 h. ' — — ...	4 h. 25 —	37°,0	— 1°,7
2 h. 30 — — ...	4 h. 55 —	37°,3	— 1°,4

	HEURES	TEMPÉRATURE	VARIATIONS
3 h. après l'injection........	5 h. 25 —	38°,1	— 0°,8
Avant la deuxième injection,			
26 juin 1896.............	2 h. 15 soir	38°,1	
Injection à 2 h. 25 soir.			
15 minutes après l'injection..	2 h. 40 —	37°,1	— 1°,0
25 — — ..	2 h. 30 —	29°,0	— 8°,1

AUTOPSIE. — On remarque que le ventre est ballonné. A l'ouverture on trouve un peu de liquide d'injection non absorbé dans le péritoine.

Les intestins sont légèrement congestionnés. Les reins, le foie, la rate sont très congestionnés.

Le cœur est très distendu; toutes les cavités occupées par des caillots noirs visqueux et du sang asphyxique.

Les poumons sont congestionnés par places.

Une dose unique de 1 centim. cube d'extrait fluide suffit chez un cobaye de 380 gr. pour amener la mort en un quart d'heure; les symptômes qui ont précédé la mort et les lésions trouvées à l'autopsie sont les mêmes que dans l'observation que nous venons de décrire.

Expériences faites sur les sangsues.

Une hirudo sanguisuga, plongée dans 150 centim. cubes d'eau distillée, nage activement, se fixe sur les parois du vase, et monte le long de ces parois à l'aide de ses ventouses.

2 h. 35. L'eau distillée est remplacée par une solution de 2 centim. cubes d'extrait fluide de noix d'Arec dans 150 centim. cubes d'eau. Immédiatement la bête est en proie à une vive agitation.

2 h. 38. L'animal veut fixer sa ventouse caudale, mais elle ne peut plus faire adhérer cette ventouse.

La sangsue se roule en pelote, reste immobile quelques instants. Elle fait de nouveau un essai infructueux pour se fixer aux parois du vase, fait quelques mouvements de natation, puis tombe au fond complètement étendue.

3 h. 10. Il existe encore quelques mouvements de la partie céphalique, mais la bête ne tarde pas à tomber dans l'inertie, dont on peut encore la sortir par quelques excitations à 3 h. 20.

De 3 h. 20 à 6 heures du soir les excitations demandent à être de plus en plus longues pour pouvoir obtenir quelques mouvements de l'animal.

La bête est morte à 6 heures.

Dans toutes les expériences que nous avons pu répéter sur ces animaux en variant la dose de substance active, mais en conservant toujours le même volume à la solution, nous avons observé la même marche de phénomènes, le même arrêt brusque, presque immédiat des mouvements des ventouses ; une seule chose a varié, c'est la durée nécessaire pour obtenir la mort de l'animal, qui est toujours mort étendu non contracté. Ces expériences ont été répétées sur différentes espèces d'hirudinées, sans qu'on puisse obtenir de variations.

CHAPITRE IV

De l'emploi de la noix d'Arec en médecine vétérinaire et en médecine humaine.

Nous avons dit plus haut qu'en 1867, les thérapeutes anglais avaient introduit la noix d'Arec dans les *Additions to the British Pharmacopœia*.

Depuis cette époque, on emploie couramment en Angleterre la noix d'Arec comme anthelminthique. C'est ainsi que Stonehenge (*in The dog in health and disease*. London, 1867) conseille l'emploi de l'Arec comme tænifuge. Il administre dans du lait à un chien de grande taille *une* noix d'Arec râpée, c'est-à-dire environ quatre grammes.

M. Mégnin (*La médecine du chien*, p. 70, 1894), indique également la noix d'Arec comme un excellent tænifuge. Depuis plusieurs années, il l'emploie avec un succès constant à la dose de 4 gr. pour un chien de grande taille, sans avoir jamais observé le moindre symptôme d'intoxication.

Certains expérimentateurs ont donné la noix d'Arec à la dose de 25 à 30 gr. chez le chien. A la suite de l'administration de ces doses élevées, on a observé des accidents dus à la toxicité de la noix d'Arec. MM. Mouquet et Weber signalent le fait dans le *Bulletin de la Société de thérapeutique,* octobre 1895.

Les Hindous et les Chinois emploient non seulement l'Arec comme masticatoire, mais encore comme tænifuge.

En Allemagne, on emploie beaucoup aussi la noix d'Arec dans l'art vétérinaire et la médecine humaine.

Fröhner (*Monatshefte f. pract. Thierheilk.*, 1894, vol. V, p. 353) a fait des recherches sur l'emploi pratique du bromhydrate d'arécoline. Il ressort de ce travail que : 1° l'arécoline est un médicament *sialagogue* de premier ordre, qui, non seulement est comparable à la pilocarpine, mais la surpasse même. La salivation débute en moyenne 5 minutes après l'injection et atteint son apogée environ une demi-heure après celle-ci ; 2° l'arécoline est un *laxatif* qui est à peu près équivalent à l'ésérine.

L'arécoline agit donc, dit Fröhner, comme une combinaison d'ésérine et de pilocarpine et mérite, par suite de cette double propriété, d'être essayée dans toutes les maladies où l'on veut obtenir l'évacuation de l'intestin avec liquéfaction de son contenu, par exemple dans les tranchées de la constipation chez le cheval.

En second lieu, Fröhner pense devoir recommander l'arécoline dans les produits exsudatifs et transsudatifs de l'inflammation rhumatismale du sabot, etc., cas dans lesquels il ne doit point le céder à la pilocarpine comme remède déshydratant et comme dérivatif.

Les conclusions des recherches de Fröhner ont été jusqu'à présent complètement confirmées par C. Gräfe (*Monatshefte für prakt. Thierheilk.*, 1894, vol. VI, p. 145) et Ehling (*Hamburg Mittheilg. f. Thierazte*, 1894, p. 337).

Emploi de la noix d'Arec chez l'homme comme tænifuge.

Grâce à l'extrême obligeance du Dr Ern. Martin (de Houilles, Seine-et-Oise) qui a bien voulu nous communiquer trois observations personnelles, nous allons pouvoir étudier l'action de la noix d'Arec chez l'homme comme tænifuge.

M. le Dr Martin a ordonné la noix d'Arec à 3 de ses malades atteints de tænia. Voici les 3 observations :

PREMIÈRE OBSERVATION. — Il s'agit d'un enfant de 12 ans qui, depuis quelque temps, souffrait de coliques et vomissait à intervalles assez espacés. Le Dr Martin donne à l'enfant une petite noix d'Arec de 2 gr. 1/2 à 3 gr. à prendre dans du lait, après avoir râpé la noix. Quinze heures après l'administration, le tænia était rendu sans coliques et sans qu'on eût besoin de recourir à l'emploi d'un purgatif.

DEUXIÈME OBSERVATION. — Un homme de 38 ans, rend de temps en temps des anneaux de tænia. Il souffre depuis deux ans environ de douleurs siégeant au niveau de l'estomac. Le Dr Martin ordonne 4 gr. de noix d'Arec râpée à prendre dans du lait. Douze heures après le tænia est expulsé sans douleur et sans avoir recours à l'emploi d'un purgatif.

TROISIÈME OBSERVATION. — Dans cette troisième observation la malade est une femme de 45 ans, ayant, dit-elle, depuis longtemps le tænia. Le Dr Martin lui fait prendre dans du lait une noix d'Arec pesant de 5 à 6 gr. mais préalablement râpée. Vingt heures après le tænia était rendu, cette fois encore sans douleur et sans emploi d'un purgatif.

Un fait important à noter c'est que, dans ces trois cas, les malades n'avaient subi aucun traitement pour se débarrasser du parasite.

Nous avons été rendre visite au Dr Martin. Celui-ci nous a montré les trois tænias rendus à la suite de l'administration des noix d'Arec râpées. Nous avons pu constater que la tête du parasite, organe le plus important de l'animal, avait bien été expulsée.

Par ces observations nous venons de voir que la dose de 4 gr. avait été également employée chez l'homme et chez le chien. Il semblerait au premier abord qu'on aurait dû tenir compte de la différence de poids entre un homme de poids moyen, c'est-à-dire pesant 65 kilogr., et un chien de taille moyenne, c'est-à-dire pesant de 12 à 15 kilogr. Dans ces conditions, en prenant pour base des expériences un chien du poids de 12 kilogr. par exemple, auquel on administre une dose de 4 gr. de noix d'Arec, on aurait dû administrer à un homme de 65 kilogr., non plus 4 gr. d'Arec, mais une dose moyenne de 20 gr.

Les observations du Dr Martin montrent que l'on obtient des succès incontestables chez l'homme avec 4 gr. de noix d'Arec en poudre. Il est donc inutile, pour que ce médicament ait une action tænifuge, de faire entrer en ligne de compte la différence de poids.

Le Dr Martin estime que la quantité de 4 gr. de noix d'Arec administrée chez l'homme peut suffire comme tænifuge, parce qu'il s'agit de tuer un parasite dont la structure ne diffère guère, qu'il ait pour habitat l'intestin du chien ou celui de l'homme.

Dans ses observations, M. Martin note ce fait important que des malades n'ont pas été pris de coliques au moment de l'expulsion. Il est à souhaiter que quelques thérapeutes français veuillent bien expérimenter la poudre de noix d'Arec comme tænifuge, car si vraiment on observait que les malades atteints de tænia ne souffrent pas de coliques au moment de l'expulsion du parasite, ce médicament serait sous ce rapport aussi précieux que la pelletiérine.

Nous ajouterons même que la noix d'Arec aurait sur la pelletiérine quelques avantages qui ne seraient pas à dédaigner :

1° La modicité de son prix ;

2° Une toxicité nulle ou presque nulle à la dose de 4 gr. ;

3° Aucun besoin d'administrer un purgatif.

La modicité du prix est facile à démontrer. MM. Darrasse, droguistes à Paris, vendent le kilogr. de noix d'Arec à raison de 6 francs. Par un calcul des plus faciles, nous trouvons que 5 gr. de fruit de l'aréquier reviendraient à 0,03 centimes. Le prix marchand d'une dose de pelletiérine est au contraire de 2 fr. 50.

Nous savons que la toxicité de la pelletiérine est considérable et que les accidents survenus à la suite de l'ingestion d'une dose de cet alcaloïde sont des plus nombreux. De plus, en raison de son extrême toxicité, il est impossible de l'employer chez l'enfant. La noix d'Arec au contraire est d'un emploi beaucoup plus large, ainsi que le prouve la première observation.

Enfin le malade n'a nullement besoin de recourir à l'emploi d'un purgatif, avantage très estimable sur la pelletiérine, quand on songe qu'il est souvent difficile au praticien de surmonter le dégoût de certains malades pour les purgatifs.

Il nous reste un dernier point à examiner : la substitution des alcaloïdes de la noix d'Arec à la poudre d'Arec dans le traitement du tænia. Nous avons vu les effets toxiques considérables des produits extraits de la noix d'Arec. Dans ces conditions, nous pensons, puisque la poudre a fait ses preuves, qu'il est préférable jusqu'à de plus concluantes expériences de s'en tenir à l'emploi de la poudre d'Arec en thérapeutique humaine comme tænifuge.

En résumé, les avantages de la poudre de noix d'Arec employée comme tænifuge sont les suivants :

1° Toxicité nulle ou presque nulle ;

2° Faible quantité de médicament (4 à 6 grammes) à prendre dans du lait ;

3° Évacuation du parasite sans coliques ;

4° Nul besoin de purgatif ;

5° Modicité de son prix.

CONCLUSIONS

I. — Si pour M. Jahns, la noix d'Arec renferme cinq alcaloïdes : l'*arécoline*, l'*arécaïne*, l'*arécaïdine*, la *choline* et la *guvacine*, d'après les recherches personnelles que nous avons faites dans le laboratoire de M. le professeur Pouchet, nous ne croyons pas qu'il préexiste dans la noix d'Arec cette pléiade d'alcaloïdes. Nous avons vu dans le chapitre II les raisons qui nous avaient amené à prendre cette conclusion.

Pour notre part, nous avons obtenu un seul sel d'alcaloïde nettement caractérisé. Malheureusement le temps nous a manqué pour rechercher si, en traitant cet alcaloïde par les différents agents employés par M. Jahns, nous n'obtiendrons pas plusieurs produits de transformation se rapprochant de ceux indiqués par le chimiste allemand.

II. — Les alcaloïdes de la noix d'Arec avaient été indiqués comme des substances éminemment toxiques. Nos expériences montrent que la toxicité de l'alcaloïde que nous avons isolé est loin de manifester l'énergie que possèderaient les alcaloïdes étudiés par M. Jahns. Ce fait laisse encore à supposer que les produits obtenus jusqu'aujourd'hui sont des produits de transformation.

III. — La poudre de noix d'Arec peut être regardée comme jouissant d'une toxicité presque nulle ; son emploi paraît donc pleinement justifié en médecine humaine.

IV. — Il n'en est pas de même soit de l'extrait fluide, soit des principes retirés de l'Arec dans la préparation desquels interviennent des agents physico-chimiques donnant naissance, ainsi que nous l'avons vu, à des produits de métamorphose analogues à ceux obtenus par M. Jahns. La toxicité de ces différents produits est assez énergique pour que leur administration chez l'homme doive être faite avec la plus grande prudence.

V. — L'Arec est un excellent tænifuge. Le meilleur mode d'emploi paraît être la poudre à la dose de 4 grammes. La poudre semble être plus efficace lorsqu'elle est récemment préparée.

BIBLIOGRAPHIE

Morin. — Essai analytique sur les fruits de l'aréquier. *Journal de pharmacie et de chimie* (1), VIII, 1822.

Flückiger et **Hanbury**. — *Histoire des drogues d'origine végétale*, 2 vol , Paris, 1878. Traduction Lanessan.

Jahns. — Alcaloïdes de la noix d'Arec. *Ber. der deutsche. Chem. Gesels.*, 1888.

Marmé. — Expériences sur les alcaloides de la noix d'Arec. *Nachricht. der Kœn. Ges. der. Wissen. zu Göttingen*, 1889.

Jahns. — Alcaloïdes de la noix d'Arec. *Journ. Ph. et Ch.* (5), XX, p. 21, 1889.

— Alcaloides de la noix d'Arec. *Bull. Soc. chim.*, Paris (3), II, p. 185, 1889.

Marmé. — Expériences sur les alcaloïdes de la noix d'Arec. *Revue des sc. médicales*, Paris, XXXV, p. 488, 1890.

Arecannus-Alkaloïde. — *Jahrsbericht. ueber die Fortschritte des Pharmacognosie, Pharmacie und Toxicologie*, p. 381, 1891.

Jahns. — Alcaloïdes de la noix d'Arec. *Bull. Soc. chim.*, Paris (3), VI, p. 122, 1891.

— Alcaloïdes de la noix d'Arec. *Journ. ph. et ch.*, Paris (5), XXV, p. 307, 1892.

— Sur les alcaloïdes de la noix d'Arec. *Bull. Soc. chim.*, Paris (3), VII, p. 383 et 857, 1892.

Annales de Merck, nº 114, p. 42, 1894. Bromhydrate d'arécoline.

Annales de Merck, nº 127, p. 48, 1895. Bromhydrate d'arécoline.

Mouquet. — Mémoire sur le bromhydrate d'arécoline. *Bullet. Soc. thérapeutique*, Paris, 23 octobre 1895.

Planchon et **Collin**. — *Les drogues simples d'origine végétale*, 2 vol., Paris, 1895.

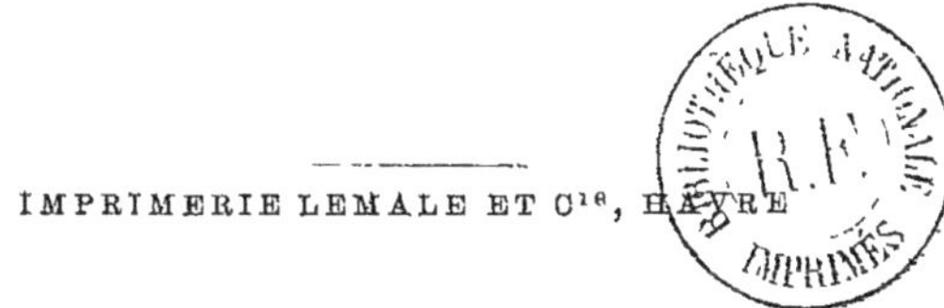

IMPRIMERIE LEMALE ET Cⁱᵉ, HAVRE